Ce Carnet appartient à:

____

Libérez vous
de votre quotidien.

Offrez-vous
un moment.

Evadez vous
dans la nature
en coloriant ces fleurs.

Après avoir colorié,
Ecrivez votre ressenti sur la
page dédiée.

Constatez ainsi l'évolution
de votre état d'esprit.

Mes Notes

Mes Notes

Mes Notes

Mes Notes

Mes Notes

Mes Notes

Mes Notes

Mes Notes

Mes Notes

$$Mes\ Notes$$

Mes Notes

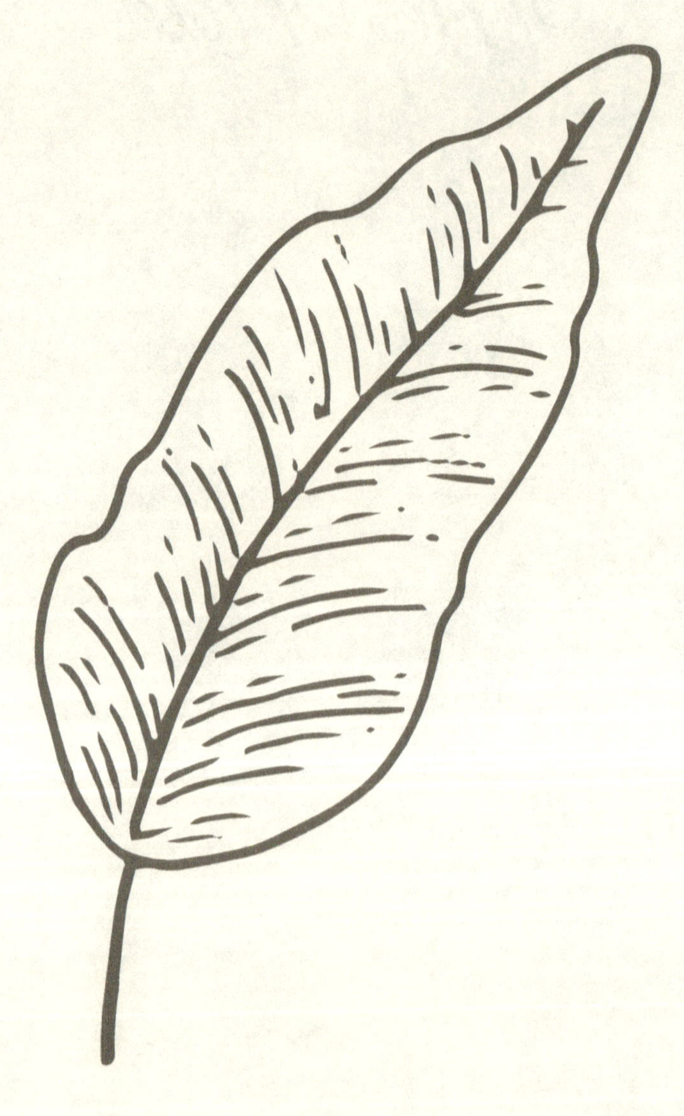

Mes Notes

Mes Notes

Mes Notes

Mes Notes

Mes Notes

Mes Notes

Mes Notes

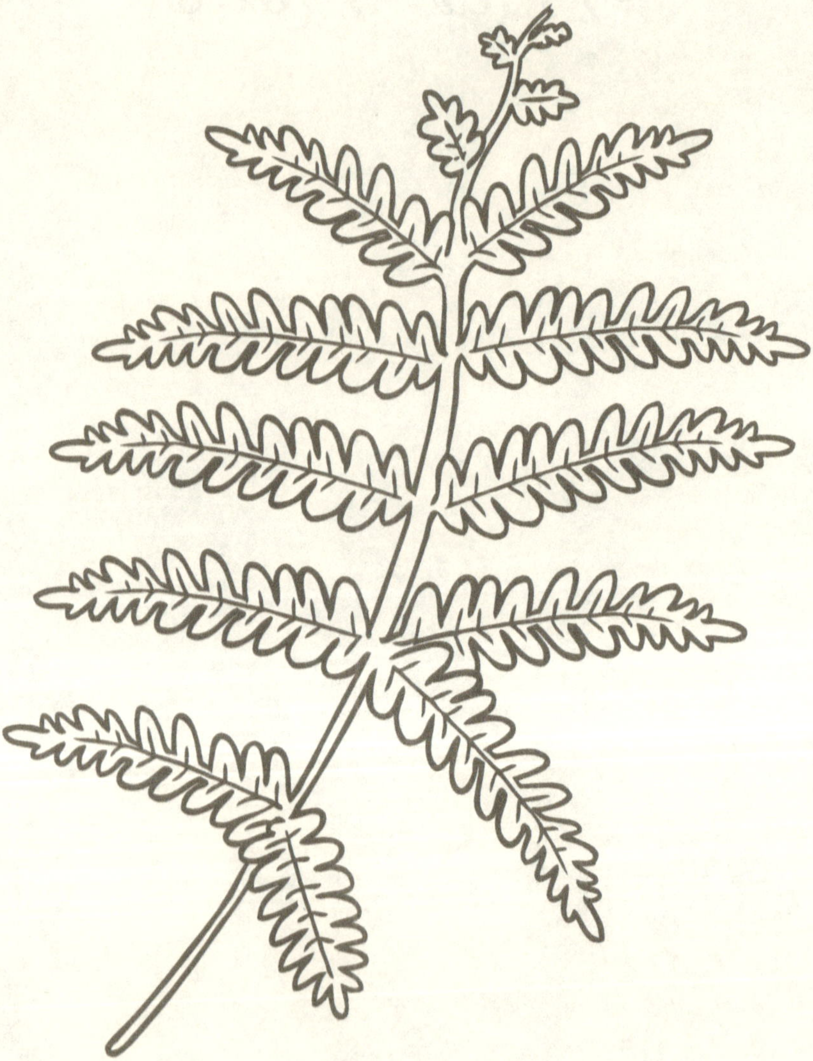

Mes Notes

Mes Notes

Mes Notes

Mes Notes

Mes Notes

Mes Notes

Mes Notes

Mes Notes

Mes Notes

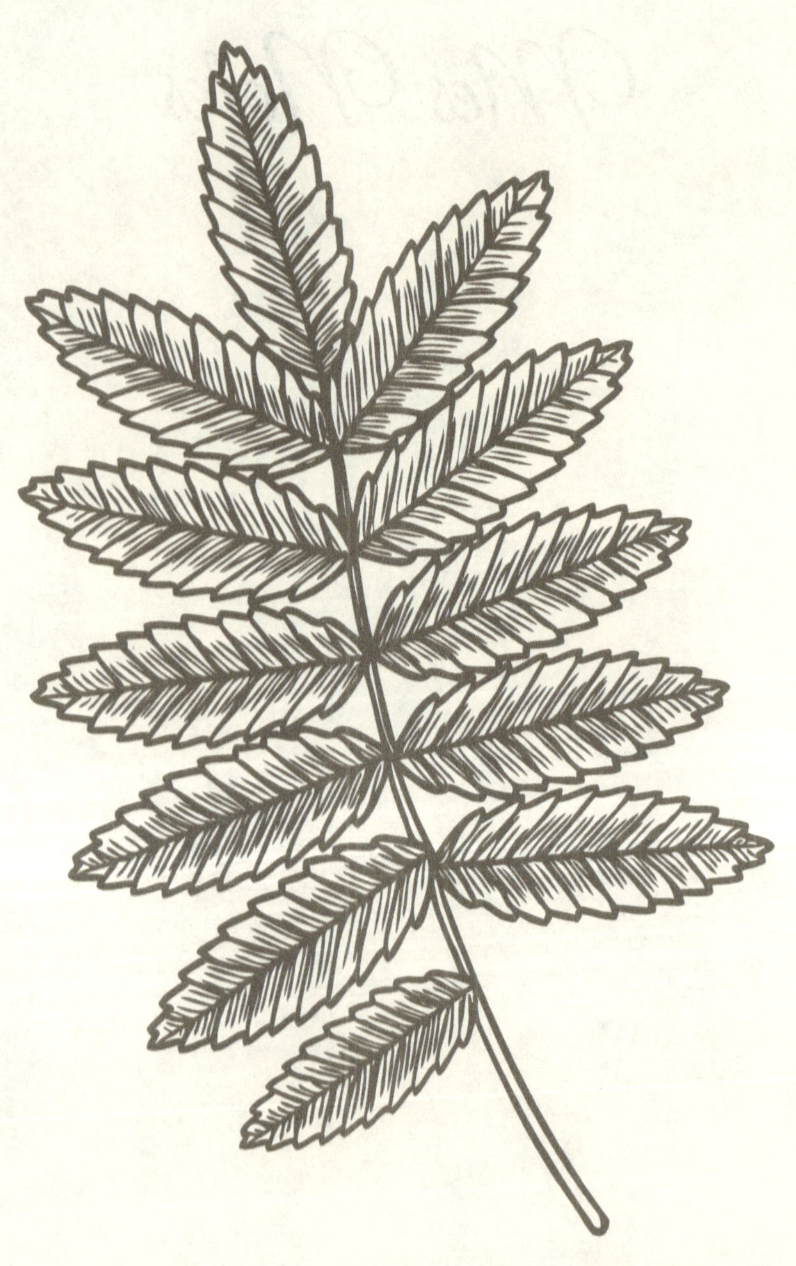

Mes Notes

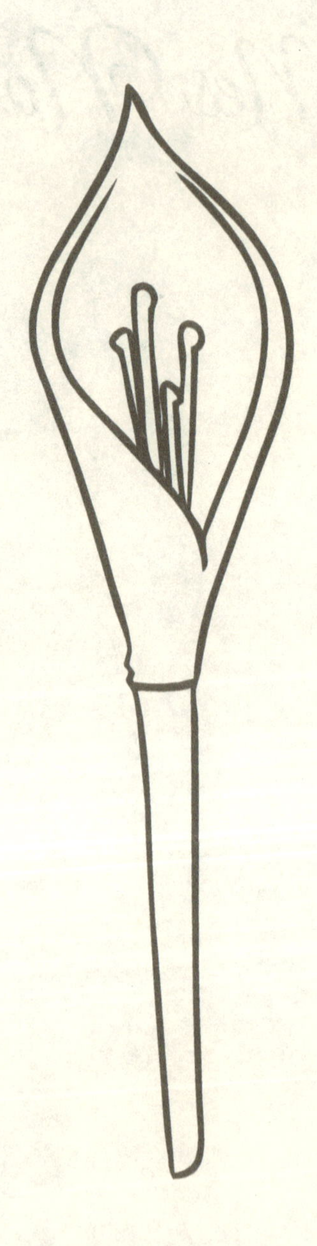

Mes Notes

Mes Notes

Mes Notes

Mes Notes

Mes Notes

Mes Notes

Mes Notes

Mes Notes

Mes Notes

Mes Notes

Mes Notes

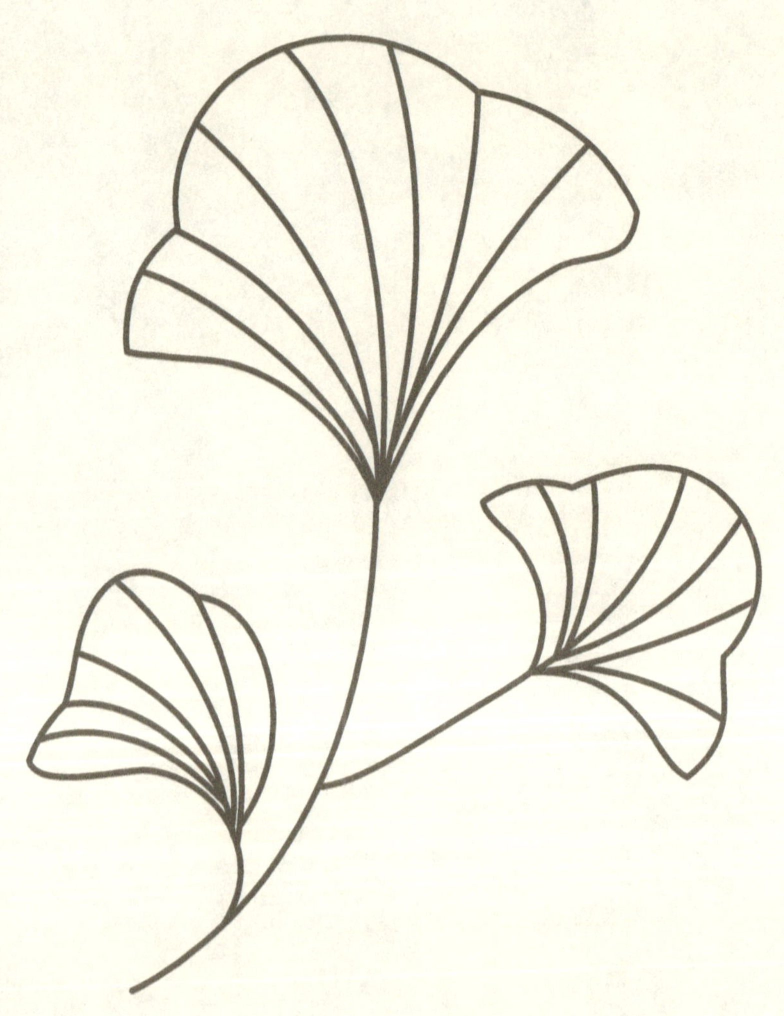

Mes Notes

Mes Notes

Mes Notes

Mes Notes

Mes Notes

Mes Notes

Mes Notes

Notes Personnelles